AF383431

Wunschsold
Gedichte

Christoph Sebastian Widdau

Für Julchen

Inhalt

Dido

Dido
Schlucke das Schwert
Roste es ein in dir
Zersetze es in dir
In Kleinstes teile
Bis du nicht mehr spürst
Was geboten ist

In der Schachtkammer aber
Zwischen diesem und jenem Fleisch
Diesem und jenem Blut
Diesem und jenem Speichel
Treibt ein Spalt dir das Heft
In fremde Hände

Ziemen und kleinern

Ziemen und kleinern
An deinem Gespiel
Bricht sich der Fluchtpunkt
In deinem Gefühl

Schlägst mit den Flügeln
Wild um dich her
Um dich zu besorgen
An meinem Verzehr

Um dir zu entsagen
Rankst du dich bang
Um dich zu entschlagen
Erstirbt dein Gesang

An Schnüren und Gurten
Machst du dich fest
Sich zu ziemen und kleinern
An meinem Geäst

Wirst zu meinen Worten

Wirst zu meinen Worten
Tischlein, deck dich reich
Hörst vertane Silben
Salz im Himmelteich

Spielst mit deinen Gaben
Tonlos ist das Wort
Streichst über die Decke
Bildest Laute fort

Wirst zu meinen Liedern
Schafe hüten gehen
Salzt das Obst der Erde
Willst um Flüsse flehen

Was dich birgt

Was dich birgt
Das Verlieren meiner Spange
Das Aussetzen meiner Silben
Das Verstauen meiner Schuhe
Das Niederlegen meines Schopfes
Im Schneetreibennebel

Ohne Unterlass
Berge ich dich
Tropfend
Mit geküsster Stirn
Mit liebkoster Brust
Leidlos rastend

Die Schonung

Die Schonung
Meiner Stimme
Schlugst du vor
Begehrend im Schlag
Des Strauchs
Entschlug ich
Meine Knospen

Vergnügen erster Ordnung

Vergnügen erster Ordnung:
Das Zwängen in Laken
Das Winden des Zungenschlags
Das Trommeln im Fleisch
Das Umspielen der Wirbel
Das Entsagen des Ausdrucks
Das Abspalten des Zwecks
Für alles und nichts

Allee, beschirme mich

Allee, beschirme mich
Und schlage den Laubfittich

Und schlage deine Steine
Am Weg entlang und Weine

Ranken sich um Häuserbilder
Auf und nieder, Straßenschilder

Führen fort und führen hin
Stolpermeter mittendrin

Sonnenlicht durch manche Äste
Kauernd, wartend, Essensreste

Liest du auf und strauchelst fort
Aufschwinge dann, ein anderer Ort

Biegt sich in Gedanken ein
Keine Lichtung darf es sein

Denn keimen lässt der Flügelschlag
Was das Licht in mir verbarg

Mit falschem Gesang

Mit falschem Gesang
Im Rauscheklang
Schallten wir an
Und bliesen im Kahn

Mit falschem Schlag
Am Schimmertag
Liebkosten wir karg
Und umspielten den Sarg

Mit falschem Gang
Am geschmiedeten Hang
Fingen wir an
Und verlegten den Fang

Mit falschem Gesang
Erklang was gelang
Echoten wir an
Und krepierten im Rang

Ein offenes Buch

Ein offenes Buch
Liegt vor uns auf dem Sekretär
Diese und jene Zeile
Wird von mir berührt
Auf dieses und jenes Wort
Suche ich deinen Blick zu führen
Mit diesem und jenem Satz
Rufe ich zeigend auf
Was hätte binden können
Doch fremd ist dir der Satz
Doch fremd ist dir das Wort
Doch fremd ist dir die Zeile
Ob Knick oder Lesezeichen
Deine Schulter zuckt
Und so
Schreibe nur ich
Einen Laut hinzu

Wanderratten, Wanderwege

Wanderratten, Wanderwege
Plündern wir die Hügel dort
Lachst so voll wie keine andre
Schuhlos springend, immerfort

Pflückst die Beere
Presst die Farbe
Zeichnest nach
Die Felsennarbe

Schlummerst neben Weidekätzchen
Leise atmend, Wolkenschaum
Drückst mich sacht in Gleichklang nieder
Glück gerät im offnen Raum
Glück gelingt am Kiefernbaum
Schlagen zeitgleich auf die Lider

Säulenheilige

Säulenheilige
Bitte, ruf mir zu
Was zu entschlagen ist
Wem zu entsagen ist
Wo zu versagen ist
Flehentlich bitte ich dich
Mich zu entlasten
Vom Sein
Und auf der Säule zu ruhen
Wie eine schreiende Inschrift
Auf einem Stein
Der bricht

Wagenräder, wandgestürzt

Wagenräder, wandgestürzt
Lanzen, stelenprangend
Saiten, hautentspannt
Schiffsschrauben, marktplatzlockend

Im Zeigerpochen
Fährst du sacht über das Blatt
Bevor du, brausend
Das Glas zerschlägst
Um dich zu zeichnen
Wagenrad, Lanze, Saiten, Schiffsschrauben
Zur Stunde

Dass ich aus dir schöpfen darf

Dass ich aus dir schöpfen darf
Liebe andere als ich
Ist die Strebung
Die grell schallt
Die Zittern schafft
Die Wasser schiebt
Wenn ich mich
Begehe

Winterwanderung

Winterwanderung
Auf Vaters Schlitten
Den Hügelzug
Mit der Kugel aus Schnee
Auf den Kopf gereckt
Enten in Eisschnellen
Stoß Weiß vom Astgewirr
Unter Vaters Stiefeln
In seinem Hauch
Den ich nicht kannte
Auf dem Abbild
Des Seinsbeginns
Lege ich dich
Und uns
An den Abhang, Vater

Der Schaffner

Der Schaffner
Schiebt sacht die Türe zu
Zieht sich zurecht
Greift nach der Durchsage
Bittet um Rauschen
Bittet um Verzeihung
Fleht ihren Namen
Trägt nichts bei Rauschen
Als sich
Im tonlosen Rauschen
Zieht er die Mütze
Und tritt aus
Dem Zug entsteigend
Weiche

Am Fluss knietest du nieder

Am Fluss knietest du nieder
Und ludst mich in ihn ein
Mit dir Wasser zu wärmen
Geschlage, Bein um Bein

Du richtetest deine Kräfte
An seinen Wellen aus
Und ließt dich von mir treiben
Ans Ufer ohne Haus

Am Gewirr deiner Stimme

Am Gewirr deiner Stimme
Erstickt
Was ruht
In deiner Kehle
Was zart ist
An deinen Fesseln
Was sich spitzt
In deinem Schopf
Am Stimmengewirr
Die Mühsal
Des Atmens
Um zu ersticken

Mischwald

Mischwald
Strumpf dich ein
Strumpf dich aus
Und bedecke mich
Tropfe
Wenn dein Gehölz es erlaubt
Und streiche mich
Mit dem Federkiel
Vom Wege und
Betone zärtlich
Mit Pfiff und Gesang
Wo ich nicht hingehöre
Während ich mich
In dir kleide

Werksplitter, Raspeln, Spähne fliegen

Werksplitter, Raspeln, Spähne fliegen
Im Kellerschacht sich Hölzer biegen
Rastlos spritzen Kleckse fort
Sprung im Dreieck
An die Decke
Steinlos sandet dieser Ort
Vom Holze schälend
Spürbar Rinde
Masern kratzen
Wie im Kinde
Marmorblockschlag
Immerzu
Nimmt das Glaslicht
Ewig Ruh

An der Rur

An der Rur
Entschlammtentschlackt
Rostbrückenreiherstarre
Geästgefahrenwehr
Strauchperleneinkaufswagen
Schlachtunruhegesang
Schneerhythmuskuss
Seligunheilsdörfer
Serie, bist du
Ohne Linie geworden
An Mutters Wasserlauf

Vergeudend gewinnt

Vergeudend gewinnt
Was du liebst
Den Zug
Eines Schmerzes
Den du birgst
Wie ein entleertes Haus
Das dich
An das Meer vergibt

Gepackt dich mit Schwung

Gepackt dich mit Schwung
Auf den studierbaren Tisch
Stücke des Fleisches
Fetzen der Gram
Im Ganzen Kümmerstück
Mit Preisen und Sigeln versehen
Während sie
In Augenschein nahm
Was der Tisch barg
Lugte und prüfte
Zirkelte
Vergaßt du
Warum du dich packtest
Mit Schwung dich packtest
Und blicktest
Auf ihren Block
Der keine Notiz verbarg
Nur einen Stempeldruck
Sachlich falsch

Grenzziehung

Grenzziehung
An deinem Zungenschlag
Die Adernsuche
Vermochtest du zu beschreiben
Die Brauennöte
Vermochtest du zu beschreiben
Die Tastversuchungen
Vermochtest du zu beschreiben
Auch den Abdruck
Der zehn Zehen im Moos
Vermochtest du zu beschreiben
Unabweisbar scheiterst du
An dem
Was Natur
Beschreibungslos
An euch belässt

Wunschsold

Wunschsold
Unter Hirntraums Kissen
Am abgerissenen Lakenknopf
Gestreichel am Gedankenkropf
Mit Nägelspitzen blank gerissen

Schlägt wie toll die Federn los
Spiegel, blitz, bezeuge groß
Zähfleisch in lauen Bissen
Glasreste, die geschmissen
Stellen Zacken wunschlos bloß

Zeitgeist

Zeitgeist
Alle lieben liebe alle
Tatsächlich ein Stück weit nur ein bisschen
Du und ich bist ich
Bis wir einander anders sind

Glattrasierter Strauchdieb

Glattrasierter Strauchdieb
Schuhdurchlocht
Manschettenlos
Sind wir auf Abwegen

Gehängt und längst zerschossen
In dem Lawinenrucksack
Den du ziehst statt trägst
Und den du mir zueignest

Verbirgt sich alles
Dessen ich bedarf
Dessen du verlangst

Damit wir einander
Streicheln können
Über den Abgrund
Hinaus

Nut und Feder

Nut und Feder, Schiebekräfte
Ausschlagchaos in den Balken
Härten hielten in den Walken
Münder schoben Drüsensäfte

Nut und Feder, Probebohrung
Donnerschläge in Pupillen
Stromdurchschossenes in Rillen
Stimmenleih zur Auserkorung

Nut und Feder, Bretterfugen
Durchschlagdokumentenmappen
Ausstrich auf durchsuppten Pappen
Menschennamen sich austrugen

Pica pica

Pica pica
In deinem Flug
Zwischen den Schlägen
Werfe ich dir
Aus dem Felde hoch
Einen Ring aus dem
Was Silber sei
Und du reckst
Keine Handschwinge
Schäckerst mir entgegen
Sodass mein Geschenk
Verfliegt und
Im Boden entfällt